Kennst du das Land,
wo die Zitronen blühn,
im dunkeln Laub
die Goldorangen glühn ...?

Goethe, Mignon

Italien
- typische Rezepte

Appetitanregendes
aus neun Regionen

unipart

Genehmigte Sonderausgabe für
Unipart Media GmbH, 63069 Offenbach.

Gestaltung und Satz: Lore Jacobi.

Printed in Germany.

ISBN 3-89755-477-1

Inhalt

Pizza, Pasta und noch vieles mehr!

Viele kennen es bereits, und noch sehr viele wollen es bald kennenlernen: ITALIEN! Was außer schönen Erinnerungen an diesen Urlaub blieb bzw. bleiben wird, ist sicher der Wunsch, nachzukochen, was einem »da unten« so gut geschmeckt hat. Wir wählten für dieses Büchlein Rezepte aus neun der zwanzig italienischen Regionen, die zu den interessantesten gehören, aus. Was nicht heißen soll, daß die restlichen elf keine Italienreise wert sind! Freuen würde uns, wenn es gelänge, mit unseren Rezeptvorschlägen die Atmosphäre herbeizuzaubern, die für Italien so typisch ist: Essen und Trinken spielen in jeder Familie eine wichtige Rolle. Alt und jung versammeln sich um den Tisch nicht nur, um satt zu werden, nein – um der »Mangiare in Compagnia« (Essen in Gesellschaft) willen. Unterhaltung rangiert vor den Tafelfreuden. Eine in unseren Breitengraden fast unvorstellbare Art familiärer Kommunikation!
Eine italienische Mahlzeit beginnt mit der Vorspeise, dem *antipasto*. Suppen, Teigwaren, Reisspeisen u. a. bilden je nach Region Gang 1 (*primo*). Man dämpft damit den Hunger. Als *secondo* folgt Fisch oder Fleisch oder Eierspeise, dazu gekochtes Gemüse oder frischer Salat als Beilage. Mit Weißbrot aus dem obligatorischen Brotkorb auf dem italienischen Eßtisch tunkt man die Saucen – italienische Spezialität – auf. Käse oder Obst bilden allgemein den Speisenabschluß. Landwein und kühles Wasser komplettieren das Essen. Ein starker Espresso danach weckt die

Lebensgeister wieder. Findet das gesellige Genießen abends (nicht vor 21 Uhr!) statt, trennt man sich in der Regel frühestens nach drei Stunden wieder.

Zwei italienische Delikatessen möchten wir in diesem Vorwort noch besonders erwähnen: den Käse und den Wein! Ohne Käse ist die italienische Küche nicht denkbar. Er begleitet jede Mahlzeil: pur, in Stücke gebrochen, zum Aperitif oder Wein, als nahrhafte Zutat oder als Würze für zahlreiche Gerichte. Seit der Römerzeit sind die Italiener Meister bei der Herstellung unterschiedlichster Käsesorten. »König der Käse« ist der *Parmigiano reggiano* (Parmesan), bei uns meist nur als Reibekäse bekannt oder zum Überbacken genutzt. Seine Heimat ist die Region um Bologna. Von den übrigen über zehn berühmten italienischen Käsesorten seien noch der milde *Mozzarella* aus Kampanien und der würzige Edelpilzkäse *Gorgonzola* aus der Poebene genannt.

Italien ist *»Oiotria«*, Weinland. Früher und heute. Nirgendwo wird so viel Wein angebaut, getrunken und exportiert. Die Palette reicht vom einfachen Tischwein bis zu exzellenten Reben mit berühmten Namen, die neben den besten französischen Weinen bestehen können. In Italien hat jede Landschaft »ihre« Weine. Es gibt über 1,6 Millionen eingetragene Weinberge, rund 90 Rebsorten. Weltweit bekannt aus dem toskanischen Hügelland zwischen Florenz und Siena: der *Chianti*!

Soweit nicht anders vermerkt, sind die Rezepte für vier Personen berechnet. Pizza- und Pastarezepte wurden weitgehend ausgespart. Es gibt darüber zahlreiche andere Publikationen.

VENETIEN

(Veneto) – Region mit sieben Provinzen. Hauptstadt: Venedig. – Die Landschaft Venetien erstreckt sich nördlich vom Unterlauf des Po (Nordosten der Oberitalienischen Tiefebene) bis zu den Venezianer Alpen. Westlich wird es vom Fluß Mincio und vom Gardasee begrenzt, östlich von der Adria, die hier sehr lagunenreich ist. Also: Berge, Meer, See, Heilbäder. Und zahlreiche Kunststädte, allen voran Venedig und Verona. Qual der Wahl für den Touristen! – Die Region ist geprägt von intensiver Landwirtschaft (vor allem Getreide, Wein).
Ungeschriebenes Gesetz der Küche Venetiens: Der Eigengeschmack eines Gerichts darf auf keinen Fall verfälscht werden!
Nudelgerichte sind selten. Man bevorzugt Reis, Polenta, Gnocchi und natürlich Fischgerichte. Weltberühmt: die Weine der Region!

Risotto mit Scampi

2 Zwiebeln,
1 kleine Ananas,
12 Scampi (Kaisergranatschwänze),
1 Tütchen Safranmehl,
1/2 l Brühe,
1 Zitrone,
80 g Butter, 6 Eßl. Öl,
250 g Reis,
1/8 l Weißwein, Salz,
Cayennepfeffer,
Cognac, Melisse.

Zwiebeln und Ananas würfeln. Ausgebrochene Scampi längs halbieren, putzen. Safran in etwas Brühe lösen, Zitrone auspressen. Etwas Butter und Hälfte Öl erhitzen. Zwiebel und Reis darin glasig dünsten, Wein zugießen. Safran, Brühe, Zitronensaft zugeben. 25 Minuten garen. Butter unterheben und Würzen.

1 Eßlöffel Butter mit Restöl erhitzen. Scampi braten, bis sie sich krümmen. Mit Pfeffer und Cognac würzen. Scampi entnehmen. Ananas kurz im Bratfond schwenken. Alles unter den Reis mischen. Mit Melisse garnieren.

Chaotische Suppe

1,2 kg küchenfertige Poularde,
Salz, Pfeffer,
100 g Hähnchenleber,
3 Eßl. Marsala (wie Portwein),
30 g Magerspeck,
je 1 Möhre und Schalotte,
75 g Butter, Öl,
Petersilie,
Weißwein, (50 ml),
1 l Hühnerbrühe,
6 Scheiben Weißbrot,
100 g Parmesan.

Poularde vorbereiten. Leber mit Wein beträufeln. Speck, Möhre und Schalotte würfeln. Huhn ringsum in etwas Butter und Öl, Leber separat im Bratfett kurz anbraten. Speck und Gemüse andünsten. Wein und Brühe zugießen. Huhn zugedeckt 45 Minuten garen. Kalt enthäuten, vom Knochen lösen. Ofenfeste Form buttern. Röstbrotwürfel, Fleisch, Leberwürfel hineinschichten. Mit Brot und Käse abschließen. Brühe zugießen. Suppe etwa 3 Stunden garen lassen. Goldbraun überbacken.

Gefüllte Kalbsroulade

½ kg Blattspinat, Salz,
100 g Butter,
Muskat, etwas Brandy,
650 g Kalbfleisch,
70 g Parmaschinken,
100 g Mozzarellascheiben,
2 Eier (hartgekocht),
Olivenöl,
je 1 Knoblauchzehe und
getrocknete Chilischote,
⅛ l trockener Weißwein,
Rosmarin.

Blanchierten Spinat in 20 g Butter andünsten. Mit Salz, Muskat und Brandy würzen. Harmonikaartig geschnittenes Fleisch leicht klopfen. 15 g Butter darauf verstreichen. Mit Schinken, Käse, Spinat belegen. Eier darauf legen, Butterflocken dazwischen geben. Fleisch längs zur Roulade aufrollen, zusammenbinden. Zugedeckt in Butter, Öl, Wein und Gewürzen 2 Stunden garen. In Scheiben schneiden. Bratensaft einkochen. Butter zugeben und einschwenken.

Thunfisch mit Lorbeer

4 frische Thunfischkoteletts,
4 cm dick, je etwa 200 g
(auch jedes andere Fischkotelett),
Zitronensaft, Salz, Pfeffer,
4 Eßl. Olivenöl,
20 Lorbeerblätter,
2 Eßl. Öl,
20 g Butter,
1-2 Zitronen.

Thunfischkoteletts ringsum mit einem Gemisch aus Zitronensaft, Salz, Pfeffer und Olivenöl bepinseln.
Jedes Kotelett dick mit Lorbeer (eingerissen!) belegen, aufeinanderschichten und fest in Klarsichtfolie wickeln. 24 Stunden marinieren. – Öl und Butter in großer Pfanne erhitzen. Fisch ohne Blätter beidseitig 5-6 Minuten braten, dann salzen. Auf vorgewärmter Platte anrichten. Mit Zitrone und Lorbeer garnieren. Bratensatz-Marinadegemisch über den Fisch träufeln.

Omelett mit Erbsen

350-400 g Fenchelknolle,
1 Zwiebel, Petersilie,
50 g Parmaschinken,
40 g Butter,
150 g Erbsen, Salz,
6 Eier,
Pfeffer, Olivenöl.

Geputzten Fenchel in dünne Scheiben schneiden. Zwiebel würfeln. Petersilie und Schinken fein hacken.
Butter erhitzen. Schinken und Zwiebel glasig dünsten. Fenchel zugeben. 3 Minuten unter Rühren dünsten. Erbsen dazugeben, salzen. Gemüse 3 Minuten in geschlossener Pfanne weiter dünsten.
Inzwischen Eier mit Petersilie, Salz und Pfeffer verrühren. Je 1 Eßlöffel Öl in einer Pfanne erhitzen. Gemüse unter die Eimasse rühren. Von ein Viertel Eimasse ein Omelett backen, einmal wenden. Warmhalten. Backvorgang noch dreimal wiederholen. Eimasse jeweils gut durchrühren.

LOMBARDEI

(*Lombardia*) – neun Provinz.en mit vielen lohnenden Reisezielen. Neben zahllosen kunsthistorischen Sehenswürdigkeilen (u. a. Cremona, Mailand) gehören zu den touristischen Anziehungspunkten: Lago Maggiore, Gardasee, Comer See, Luganer See, Iseo-See.
Die Region – im Norden von den Hochalpen begrenzt – dehnt sich in der Poebene bis zum Appenin aus. Ohne die fruchtbare Niederung wären die Nationalgerichte Risotto, Pasta, Polenta aus Reis, Weizen, Mais undenkbar. – Die Hauptstadt Mailand gilt als die heimliche Metropole Italiens. – Wegen ihrer hektischen Betriebsamkeit sagt man den Lombarden nach, »null Bock« für die Küche zu haben. Trotzdem lieben sie gutes Essen über alles. Doch die typischen Gerichte lassen sich ohne großen Arbeitsaufwand zubereiten.

Spinatnudeln

2 große Zwiebeln,
40 g Margarine,
1 Packung tiefgefrorener junger Spinat,
Salz, weißer Pfeffer,
1 Prise geriebene Muskatnuß,
300 g Bandnudeln,
4 Eßl. Öl.

Zwiebeln schälen und fein würfeln. 20 g Margarine erhitzen und die Zwiebeln darin goldgelb braten. Spinat zugeben und bei schwacher Hitze nach Vorschrift auftauen lassen. Mit Salz, Pfeffer und Muskat würzen.
250 g Nudeln in reichlich kochendem Salzwasser mit Öl bißfest garen. Restliche Nudeln ungekocht in dem restlichen Fett hellgelb rösten. Gekochte Nudeln mit Spinat mischen und die gerösteten Nudeln darübergeben.

Kalbfleisch mit Thunfischsauce

800 g Kalbfleisch (Nuß oder Filet),
Salz, Suppengrün,
2 Lorbeerblätter,
1 Zwiebel,
1 Chilischote.

Kalbfleisch und alle Zutaten in leicht kochendes Wasser geben. Bei kleiner Hitze 1 1/2 Stunden garen. Im Sud erkalten lassen.

Für die Sauce Thunfisch (Dose, abgetropft) zerkleinern. In einer Schüssel 50 ml von der Kalbsbrühe, 4 Sardellenfilets, 1 Eßlöffel gehackte Kapern und 4 Eßlöffel kleingeschnittene Pfeffergürkchen pürieren. 2 harte Eigelb zerdrücken, untermischen, salzen und pfeffern. 200 ml Olivenöl unterrühren, mit Weißwein abschmecken.

Kalbfleisch in dünne Scheiben schneiden, anrichten. Dick mit sämiger Sauce bestreichen. Mit Kapern und Gurkenstreifen garnieren.

Überbackener Fenchel

1 Gemüsezwiebel, Suppengrün,
1 Knoblauchzehe, 3 Eßl. Öl,
1 Dose Tomaten (etwa 400 g Einwaage),
Salz, Zucker, Paprika,
1 Lorbeerblatt,
1 kg Fenchel,
250 g Mozzarella,
Pfeffer, Olivenöl,
50 g Pinienkerne.

Zwiebel und Suppengrün fein würfeln. Knoblauch hacken. Öl erhitzen. Darin o. a. Zutaten glasig andünsten. Tomaten gehackt mit Saft zugeben. Würzen. 20 Minuten offen bei Mittelhitze dicklich einkochen.
Fenchel, längs geviertelt, 3 Minuten blanchieren. In Tomatenbrei legen, zugedeckt 20 Minuten dünsten. Alles in einer ofenfesten Form mit Mozzarellascheiben belegen, pfeffern, mit Öl beträufeln. Vorgeheizt 10 Minuten überbacken. Mit gerösteten Pinienkernen und Fenchelgrün garnieren.

Polenta

300 g grober Maisgrieß,
Salz.

Der schnittfeste, salzige Maispudding aus Oberitalien ist heute im ganzen Land beliebte Beilage zu üppigem Essen, beispielsweise zu Wildragout.
1 1/2 l Salzwasser kochen. Vorsichtig Grieß unter ständigem Rühren mit einem Holzlöffel in einen Topf (kein Aluminium!) rieseln lassen. Bei Mittelhitze so lange kochen, bis sich die Polenta vom Rand löst.
Polenta bringt man in zahllosen Varianten auf den Tisch: mit Butter und Salbei zubereitet; mit Gorgonzola gefüllt; in den verschiedensten Formen ausgestochen und mit Parmesan bestreut oder mit dickflüssiger herzhafter Tomatensauce schichtweise gebacken. Grüner Salat und frischer Landwein munden vorzüglich dazu.

Lasagne mit Hackfleisch

250 g Lasagneplatten,
Salz, 3 Eßl. Öl,
500 g gemischtes Hackfleisch,
3 Zwiebeln,
300 g Champignons,
500 g Tomaten,
je 1 Teel. Thymian und Basilikum,
1/8 l trockener Rotwein,
1/2 Becher (125 g) Schlagsahne,
weißer Pfeffer,
1 Bund Petersilie,
100 g Emmentaler.

Lasagneplatten nach Vorschrift kochen. Aus Hackfleisch, Gemüse und Kräutern eine Füllung braten. Wein und Sahne zugießen und dicklich einkochen lassen. Abwechselnd Teigplatten, Hackfleisch und Reibekäse in eine gefettete Auflaufform schichten (obenauf Käse). Bei 200° C im vorgeheizten Ofen 35 Minuten backen.

Pfirsichspalten in Orangen-Karamel

3-4 Orangen, davon 1 unbehandelt,
60 g Zucker,
4 cl Orangenlikör,
650 g Pfirsiche,
1 Eßl. Zitrone,
4 Kugeln Schokoladeneis,
kandierte Rosenblätter und Veilchen.

Einen etwa 8 cm langen Streifen der unbehandelten Orange abschneiden und in hauchfeine Späne hobeln. 400 cl gepreßten Orangensaft abmessen. Zucker im Topf zu goldbraunem Karamel schmelzen lassen. Likör, Saft und Orangenschalenspäne untermischen. Karamel unter Rühren dickflüssig einkochen lassen.

Reife Pfirsiche vorsichtig häuten. Fruchtfleisch in dünne Spalten schneiden, mit Zitronensaft beträufeln. Auf vier Teller verteilen. Die Pfirsiche mit lauwarmem Karamel überziehen. Schokoladeneis zugeben und mit kandierten Blüten garnieren.

EMILIA-ROMAGNA

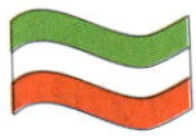

– südöstlicher Teil der Oberitalienischen Tiefebene südlich des Po bis zum Appenin, östlich bis zur Adriaküste.

Die Emilia, westlicher Regionsteil, hat ihren Namen von der sehr alten Militärstraße Via Emilia. Eine Fahrt entlang dieser Via ist für Urlauber wegen der Vielzahl bedeutender Städte – u. a. Piacenza, Parma, Modena, die Hauptstadt Bologna, Forli – äußerst reizvoll.

An der Adria liegen Rimini mit seinem 20 Kilometer langen Strand und Catollica, berühmte Seebäder.

In der Landwirtschaft dieser hochentwickelten Region dominieren Fleisch-, Milchwirtschaft, Gemüse und Obstkulturen. Die Küche ist abwechslungsreich, kunstvoll und reichhaltig.

Weltbekannte Spezialitäten sind Parmaschinken und Parmesankäse.

Fritiertes Gemüse

Teig:
150 g Mehl, 1 Ei, 1 Eßl. Öl, Salz.
Gemüse:
100 g Blumenkohl, 100 g Brokkoli,
100 g Zucchini, 100 g grüne Bohnen,
Salz, 2 Stangen Staudensellerie,
100 g Champignons (oder Steinpilze),
Sonnenblumenöl, Zitronen.

Ganz gleich, ob Gemüse, Fleisch oder Fisch oder Käse, Fritiertes ist die große Leidenschaft der Italiener. – Für Fritto misto di verdura Mehl, Eigelb, Salz mit knapp $^1/_4$ l Wasser und dem Öl in einer Schüssel verrühren. Teig 1 Stunde ruhen lassen. Geputzten Blumenkohl und Brokkoli in Röschen teilen. Zucchini längs in Scheiben schneiden. Grüne Bohnen etwa 8 Minuten in Salzwasser vorgaren. Gesäuberten Staudensellerie, in fingerlange Stücke geschnitten, ebenfalls vorgaren. Pilze putzen, die großen halbieren. – Öl in einer Pfanne mit Fritiereinsatz (oder in Friteuse) erhitzen. Inzwischen das Eiweiß steif schlagen, unter den Teig ziehen. Jedes einzelne Gemüsestück durch den Teig ziehen, dann im Öl ausbacken. Auf Küchenkrepp vor dem Servieren abtropfen lassen. Fritiertes Gemüse heiß mit Zitronenspalten servieren.

(Dieses Rezept ist die Alltagsvariante der »Tournedos alla Rossini«, die zu besonderen Festlichkeiten mit Gänseleber und schwarzen Trüffeln zubereitet werden.)

Parmaschinken und Melone

2 kleine Honigmelonen,
400-450 g Parmaschinken
(möglichst dünn geschnitten),
Pfeffer (aus der Mühle).

Melonen halbieren, Kerne herausschaben. Hälften sechsteln. Portionsweise oder auf großer Platte anrichten. Mit Schinkenscheiben belegen. Unbedingt beachten: Pfeffermühle griffbereit halten!
Diese leichte Vorspeise paßt zu jedem italienischen Essen. Fehlt ein Fleisch- oder Fischgang, ist danach reichlich Pasta zu empfehlen.

Rindsmedaillons mit Käse und Schinken

20 g Öl, 4 Rinderfiletsteaks, à 150 g,
2 1/2 cm dick, 20 g Butter,
4 cl Marsala (schwerer sizilianischer Dessertwein),
Salz, Pfeffer,
40 g (4 Stück) Käse,
4 Scheiben Parmaschinken (etwa 40 g),
100 g Béchamelsauce.

In Öl angebratene und in zerlassener Butter geschwenkte Steaks (jede Seite 1 Minute) beidseitig 3 Minuten in Marsalasud schmoren. Würzen, in eine feuerfeste Form geben. Käse und Schinken darauflegen. Obenauf je 1 Eßlöffel Béchamelsauce. In der Röhre etwa 10 Minuten bei 160-180° C braten.
Inzwischen fingerdicke kleine Weißbrotscheiben in Butter goldbraun rösten. Filets darauf setzen. Mit gehackten Pistazien bestreut reichen.

Beerencocktail mit Vanilleeis

400 g gemischte Himbeeren,
Brombeeren,
schwarze und rote Johannisbeeren,
40 g Pistazienkerne, abgezogen, 150 g Sahnejoghurt,
Zucker, Zitronensaft, $^1/_4$ l Schlagsahne,
200 ml Vanilleeis.

Ein Drittel der vorbereiteten Früchte zur Garnierung lassen. 20 g Pistazien mahlen. Beeren mit Joghurt, Zucker, Zitronensaft und Pistazienmehl verquirlen. Zugedeckt kalt stellen. – Rest der Pistazien hacken. Schlagsahne steif schlagen. Unter die Beerencreme ziehen. Teil der Creme portionsweise aufteilen. Je 1 Eiskugel daraufsetzen. Mit restlicher Creme halb bedecken. Mit Beeren und Pistazien dekorieren. Sofort servieren!

LIGURIEN

(*Liguria*) – Region mit bedeutendem Fremdenverkehr. Schmaler Küstensaum am Mittelmeer von knapp 300 km Länge – die italienische Riviera zwischen Ventimiglio und La Spezia. Eine der schönsten Landschaften: jähe Felsstürze, bewaldete Hügel, alte Hafenstädtchen. Vor rauhen Nordwinden schützen Gebirgszüge. Urlaubs- und Kurbetrieb das ganze Jahr über! Winteraufenthalte sind besonders verlockend. Der Golf von Genua teilt den Küstenstreifen: östlich liegt die Riviera di Levante, westlich die Riviera di Ponente.

Das Land duftet nach Gewürzkräutern: Rosmarin, Thymian, Basilikum, Borretsch! Für Viehzucht ist der Küstenstreifen zu schmal, doch Meerestiere gibt es in Menge. Das milde Klima ist günstig für Gemüse- und Olivenanbau. – Eine ligurische Spezialität sind Nudeln mit Basilikumsauce.

Tintenfischsalat

400 g frische geputzte Tintenfische,
5 Eßl. Olivenöl,
weißer Pfeffer, Salz,
1 Bund frisches Basilikum,
25 g kleine Kapern,
1 Eßl. Basilikumpaste (gekauft),
2 Eßl. Zitronensaft.

Tintenfische in 1/2 cm dicke Ringe schneiden. Etwas Öl in der Pfanne erhitzen. Ringe darin andünsten, würzen, abgedeck stehen lassen. Basilikumblätter zupfen. Abgespülte Kapern in vorgewärmter Schüssel grob zerdrücken. Basilikumpaste mit Zitronensaft, Restöl und Kapern mischen. Zusammen mit den Tintenfischringen unter 750 g gekochte und gut abgedämpfte (kleine feste) Kartoffeln heben. Salat würzen. Die Hälfte der Basilikumblätter unterziehen. Salat durchziehen lassen. Mit restlichem Basilikum bestreuen.

Nudeln mit Basilikumsauce

4 Knoblauchzehen,
200 g großblättriges Basilikum,
Salz, weißer Pfeffer,
2 Eßl. Pinienkerne,
80 g Reibe-Frischkäse,
200 cl Olivenöl,
400 g Spaghetti.

Knoblauch schälen und durch die Presse drücken. Basilikum mit etwas Salz im Mörser zerreiben. Pfeffer, Knoblauch und Pinienkerne dazugeben. Alles zur Paste zerstoßen. Peu a peu Käse und tropfenweise Öl dazutun. Weiterrühren, bis die Sauce cremig wird. – Inzwischen Spaghetti in reichlich Salzwasser mit etwas Öl bißfest kochen, abgießen. Etwas Kochwasser dabei auffangen. Basilikumsauce mit 2 Eßlöffel Kochwasser verdünnen. Dann in einer vorgewärmten Schüssel gut mit abgetropften Nudeln verrühren. Sofort auf den Tisch bringen!

Gratinierter Staudensellerie

1 kg Staudensellerie,
100 g Schalotten,
80 g Butter,
2 Knoblauchzehen,
500 g Fleischtomaten,
2 Eßl. Weißwein,
Salz, Pfeffer,
50 g Parmesan-Reibekäse,
Petersilie.

Geputzten Sellerie längs halbieren. Schalottenwürfel in breiter Pfanne in 50 g Butter andünsten. Knoblauch pürieren. Mit Sellerie zu den Schalotten geben. Bei milder Hitze zugedeckt 20 Minuten dünsten. Inzwischen Tomaten häuten, in Würfel schneiden. Sellerie aus der Pfanne nehmen. Wein in den Fond gießen, würzen. Sellerie wieder hineingeben. Mit Tomatenwürfeln und Käse bestreuen. Mit flüssiger Restbutter begießen und bei 200° C im vorgeheizten Ofen 10 Minuten überbacken. Vor dem Auftragen mit gehackter Petersilie bestreuen.

Risotto mit Borretsch

50 g Rindermark, 50 g Butter,
100 g Zwiebeln,
250 g Risotto-Reis,
1/8 l trockener Weißwein,
1/2 l Brühe,
Salz, Pfeffer,
375 g Mangold,
Borretsch,
100 g Pinienkerne,
30 g Parmesan-Reibekase.

Gewürfeltes Mark in Butter auslassen. Zwiebelwürfel darin andünsten. Reis zugeben, auch andünsten. Langsam Wein zugießen, zuletzt Brühe. Diese etwas einkochen lassen. Reis öfter umrühren. Würzen.
Grob geschnittenen Mangold nach 15 Minuten zum Reis geben. Herd abschalten. Zugedeckt 8 Minuten ziehen lassen.
Borretsch grob gehackt vor dem Servieren unter das Gericht mischen. Mit gerösteten Pinienkernen und Parmesan bestreuen. Dazu knusprige Lammkoteletts oder Fleischklößchen reichen.

Genueser Fischtopf

Je 250 g Mies- und Herzmuscheln,
4 Lachsscheiben (a 200 g),
Salz, Cayennepfeffer,
1 Schalotte, 1 Knoblauchzehe,
2 Eßl. Öl,
20 g Butter, 4 Lorbeerblätter,
1 Eßl. gehackte Petersilie,
50 ml Weißwein, 1/2 Zitrone,
1 Teel. rosa Pfefferkörner.

Gewaschene Muscheln abtropfen lassen. Lachsscheiben würzen. Gepellte Schalotte und Knoblauchzehe in sehr feine Würfel schneiden. Fisch damit einreiben.
In eine ofenfeste Form – mit Öl gefettet, leicht gesalzen und gepfeffert – Fisch und Muscheln geben. Butterflöckchen, Lorbeer, Petersilie und Weißwein zugeben.
Gericht im vorgeheizten Ofen (200° C) 12 Minuten garen. In der Form servieren. Zitronensaft darübergeben, mit rosa Pfefferkörnern garnieren. Genueser Fischtopf ist die passende Ergänzung zu Bandnudeln mit Schinken, denen Petersilie und Rosmarin erst den richtigen Geschmack verleihen. Dazu gereicht wird Brokkoli mit Thymianbutter.

Brokkoli mit Thymianbutter

1,5 kg Brokkoli,
Salz,
60 g Butter,
6 kleine Thymianzweige.

Brokkolistiele etwas kürzen. Dann den Kohl in Salzwasser bei Mittelhitze etwa 5 Minuten garen. – In einer Pfanne schmilzt inzwischen die Butter. Dahinein gibt man die Thymianblättchen direkt vom Zweig. Darin den gut abgetropften Brokkoli schwenken und sofort servieren!
Ein ligurischer Weißwein macht diese Gerichtekombination zu einer Köstlichkeit!

Stockfischauflauf

750 g Stockfisch,
1 Dose Kichererbsen (250 g, vorgegart),
750 g Fleischtomaten,
350 g mittelgroße Zwiebeln,
1 Zitrone, unbehandelt,
4 Knoblauchzehen,
100 g schwarze Oliven,
4 Lorbeerblätter,
1/8 l Olivenöl, Pfeffer.

4 Stück Stockfisch 12 Stunden in kaltes Wasser legen. Wasser mehrmals erneuern. Abgespülte Erbsen abtropfen lassen, Tomaten und geschälte Zwiebeln vierteln. Zitrone und gepellten Knoblauch in dünne Scheiben schneiden. Mit Küchenkrepp den Fisch trocknen und mit Oliven und Lorbeer in eine Auflaufform schichten. Alles mit Öl übergießen, herzhaft pfeffern. Im vorgeheizten Ofen bei 200° C etwa 50 Minuten zugedeckt garen. In der Form auf den Tisch bringen.

Küchentip: Zitronen

Wenn die Zitronen mit der Schale verwendet werden, auf Bioanbau achten. Sonst die Schale sehr gründlich mit heißem Wasser und Bürste reinigen.

TOSKANA

(*Toscana*) – politische Region mit Hauptstadt Florenz am Flußlauf des Arno. – Die Landschaft Toskana umfaßt ein Gebiet vom Kamm des Toskanischen Appenin über das Toskanische Hügelland bis hin zum Tyrrhenischen Meer.
Auch Elba und mehrere kleine Inseln sind toskanisch. Zypressen und Weinberge (roter Chianti!) prägen das eigentliche Stammland der Etrusker, das Toskanische Hügelland. Touristische Anziehungspunkte sind Florenz, Fiesole, Pisa, Lucca, Siena, zahlreiche Badeorte sowie Thermalbäder.
Auf kulinarischem Gebiet sind die Toskaner Zauberer. Aus einfachen Zutaten bester Qualität bereiten sie Kunstwerke zu – traditionell mit einer Fülle von Kräutern. Gemüse, Fisch, Fleisch, Brot gibt's auf jedem Tisch.

Gefüllte Oliven

10 g Butter,
50 g Fleischhack
(evtl. mit Wurst und Schinken),
25 cl Weißwein,
Salz, Pfeffer, Muskat,
1 Ei, 20 g Parmesan-Reibekäse,
20 g große, sehr reife grüne Oliven,
Mehl, Öl.

Butter erhitzen. Fleischhack zugeben. Einige Minuten unter Wenden bräunen. Zugegossenen Wein einkochen lassen. Masse kräftig würzen. Pfanne vom Herd nehmen. Die Hälfte Ei und Käse unterrühren. Oliven vorsichtig entsteinen (mit Kirschentsteiner!), dann mit Fleischmasse füllen.
Restei verquirlen. Oliven in Mehl, dann in Ei wenden. In siedendem Öl 3 Minuten fritieren. Auf Küchenkrepp abtropfen lassen. Warm mit Parmesan bestreut servieren.

Bohnen in der Chianti-Flasche

350 g große weiße Bohnen,
1 Knoblauchzehe,
3 Salbeiblätter,
½ getrocknete Chilischote,
Salz,
25 cl Olivenöl.

Bohnen über Nacht in kaltem Wasser einweichen. Abgießen. – Mit gepelltem Knoblauch, Salbei, entkerntem Chili und Salz in eine Glasflasche geben. Öl und ½ l kaltes Wasser zugeben. Mit Stoff locker zustöpseln, damit das Wasser verdampfen kann. In der Backröhre bei 120° C ca. 3 Stunden garen. Bei Verdampfen heißes Wasser nachgießen. Vorsichtig mit Trichter arbeiten! Vorm Essen Bohnen mit Olivenöl beträufeln. Sehr gut schmeckt dazu finocchiona, eine salamiartige toskanische Wurst.
Mit dem alten toskanischen »Flaschentrick« nutzte man früher die Resthitze vom Brotbacken im Ofen aus.

Gemüsesuppe Ribollita

300 g weiße Bohnen, 1 Zwiebel,
2 Knoblauchzehen, 1 Lorbeerblatt,
1 kg Schinkenknochen,
175 cl Olivenöl, Thymian, 300 g Wirsing,
250 g Kartoffeln, 200 g Möhren, 1 Stange Porree,
500 g Tomaten, 1 Rosmarinzweig,
Salz, Pfeffer, 200 g Fladenbrotscheiben.

Bohnen über Nacht in kaltem Wasser einweichen. Zwiebelwürfel, 1 Knoblauchzehe, Lorbeer und Schinkenknochen dann zu den Bohnen ins Einweichwasser geben. Bei milder Hitze zugedeckt etwa 1 ½ Stunden kochen. – 125 cl Öl langsam erhitzen. Knoblauchzehe und Thymian hineingeben. Leise 5 Minuten ziehen lassen. Knoblauch und Thymian herausnehmen. Während die Bohnen garen, Wirsing-, Kartoffel-, Möhrenstücke und Porreeringe in drei Eßlöffel Thymianöl in großem Gefäß unter Wenden einige Minuten andünsten. – Schinkenknochen aus dem Bohnentopf nehmen. Bohnen samt Kochwasser zum Gemüse gießen. Gehäutete Tomaten in Stücken und Rosmarin zugeben. Die Suppe 40 Minuten kochen. Würzen. 1 Eßlöffel Thymianöl zugeben. Rosmarin entnehmen. – Fladenbrot mit restlichem Thymianöl einreiben. Auf die Suppenteller legen, mit Suppe auffüllen.

Ribollita ist »die Aufgewärmte«. Die Suppe wird gleich für mehrere Tage gekocht. Aufgewärmt wird immer mit Brot vom vergangenen Tag.

Wildschwein nach Toskanaart

3 Eßl. Öl, 1 kg Wildschweinkeule,
etwas Mehl, je 1 Zwiebel,
Knoblauchzehe und Möhre,
2 Stangen Staudensellerie,
Petersilie, Rosmarin,
Salz, Pfeffer,
Lorbeer, Muskat,
100 cl Rotwein,
1/8 l Brühe, etwas Kakao,
Zucker, Zitronatwürfel,
Rosinen (in Grappa getränkt),
Pinienkerne, Balsamessig.

Öl erhitzen, Fleischwürfel mit Mehl bestäubt kräftig anbraten. Gewürfeltes Gemüse und gehackte Kräuter zugeben, andünsten, würzen und Wein zugießen. Den Bratsatz lösen. 30 Minuten zugedeckt langsam schmoren. Nach Zugabe heißer Brühe weitere 1/2 Stunde schmoren. Fleisch herausnehmen. Schmorsud pürieren, Fleisch wieder hineinlegen. Übrige Zutaten rösten und mit Essig ablöschen. Unter das Fleisch rühren. Heiß mit Landbrot, Polenta (siehe S. 22) und frischem Salat servieren.

Kutteln nach Benediktinerart

Wurzelwerk, 500 g Kutteln,
250 g Auberginen,
Salz, Olivenöl,
50 g Magerspeck,
1 Zwiebel,
2 Knoblauchzehen, Pfeffer,
Tomaten (1 große Dose, geschält),
Petersilie,
100 g geriebener Schafskäse,
3 Eier.

Mit Wurzelwerk gekochte Kutteln in Streifen, Auberginen in Scheiben schneiden und salzen. Kutteln in mit etwas Öl angebratenes Speck-Zwiebel-Knoblauchgemisch geben. 5 Minuten braten, würzen. Tomatenstücke zugeben. 45 Minuten zugedeckt schmoren. Nachwürzen. Petersilienhack unterziehen. In ölgefettete feuerfeste Form abwechselnd braun gebratene Auberginen, Kutteln, Reibekäse, Scheiben von 3 Eiern einschichten. Mit Käse bestreuen. Vorgeheizt bei 225° C goldbraun backen. In der Form servieren.

Zucchini-Eierkuchen

3 Stengel Majoran,
1 Bund Petersilie,
600 g junge, feste Zucchini,
2 Eßl. Mehl, 6 Eßl. Olivenöl,
6 Eier, 4 Eßl. Milch,
1 Eßl. Reibe-Hartkäse (Pecorino),
Salz, Pfeffer.

Kräuter hacken. Gewaschene Zucchini längs in dünne Scheiben schneiden. Diese in Mehl wenden. Öl in großer Pfanne erhitzen. Zucchini darin beidseitig goldbraun braten. Eier mit Milch und Käse verquirlen, würzen. Dann Kräuter unterziehen.

Eine ofenfeste Form etwas fetten. Die Zucchini hineinschichten. Mit Eiermilch übergießen. Im vorgeheizten Ofen bei ca. 200° C rund 20 Minuten backen (wird das Gericht zu braun, Form evtl. mit Folie abdecken). In der Form auf den Tisch bringen.

LATIUM

(*Lazio*) – Kernstück Mittelitaliens. Metropole ist Roms Stadt auf den sieben Hügeln am Tiber mit fast 3 Millionen Einwohnern.
Wichtigster Wirtschaftszweig der Region ist die Landwirtschaft. In den Niederungen werden Getreide, Gemüse, Zuckerrüben angebaut, auf den Hügeln wachsen Oliven und Wein. Von Bedeutung sind auch Viehzucht und an der Küste Fischerei. – Die traditionelle römische Küche kämpft gegen Fast-Food und indische und mexikanische Lokale. Doch in typisch italienischen Vierteln dominieren noch immer schnell und einfach zubereitete Nudelgerichte. Butter, Speck, Eier, Käse, Olivenöl, Knoblauch und Pfeffer sind bevorzugte Zutaten. Berühmt sind Fleischgerichte.

Wachteln im Hemd

8 küchenfertige Wachteln,
Salz, Pfeffer,
8 Salbeiblätter,
8 Lorbeerblätter,
8 Scheiben durchwachsener Speck,
dünn geschnitten,
Öl zum Braten.

Sauber gezupfte und trockengetupfte Wachteln innen und außen würzen (innen jedoch nicht salzen). Auf die Brustseite je 1 Salbei- und Lorbeerblatt legen. Mit je 1 Speckscheibe fest umwickeln. Speckenden und Wachtelbeine zusammenstecken.
Eine Saftpfanne mit Wasser ausspülen. Wachteln mit der Brust nach oben hineinlegen und auf der Mittelleiste des auf 200° C vorgeheizten Backofens 1/4 Stunde in Öl braten. Bei eingeschaltetem Grill 3 Minuten nachbräunen lassen. Auf Grillspieße gesteckt servieren.

Schinken in Honigkruste

Für 10 Portionen:
$\frac{1}{2}$ l trockener Weißwein, $\frac{1}{2}$ kg getrocknete Feigen, 5 Nelken, 5 Pfefferkörner, 3 Lorbeerblätter, 2 $\frac{1}{2}$ kg Pökelschinken (Schwarte geritzt), 3 Teel. Senf, 50 g Heidehonig, etwas Nelkenpulver, 6 Frühlingszwiebeln, $\frac{1}{8}$ l Rotwein, 5 frische blaue Feigen.

Weißwein mit $\frac{1}{2}$ l Wasser, Feigen und Gewürzen aufwallen lassen. Schinken darin aufkochen. Dann im geschlossenen Topf 2 Stunden sieden lassen, ab und an wenden. Sud abschäumen. Senf, Honig und gemahlene Nelken zu Paste verrühren. Ofen auf 225° C vorheizen. – Abgetrockneten Schinken mit Schwartenseite nach oben auf die Saftpfanne im Ofen legen. Braten, bis eine braune Kruste entsteht. Mit Senf-Honig-Paste bepinseln, weiter 12 Minuten auf der Mittelschiene bei 180-200° C backen. Mit herabrieselnder Paste mehrfach bestreichen. Auf vorgewärmter Platte Braten zugedeckt warmstellen. Geputzte Frühlingszwiebeln längs halbieren. Mit Rotwein Bratensatz ablöschen. Zwiebeln hineintun, Sud einkochen lassen. Über den Schinken gießen. Mit Feigen und den Frühlingszwiebeln garnieren.
Das Gericht mit Fladenbrot und süßsaurer Dattelsauce oder Nuß-Oliven-Sauce reichen: (2 Eßlöffel Weißweinessig, $\frac{1}{8}$ l Weißwein, 1 Eßlöffel Heidehonig aufkochen. 200 g grüne Oliven und eine Knoblauchzehe pürieren. 200 g Haselnußmehl, Honigmischung, Olivenpüree verrühren, mit Zimt und Pfeffer würzen. Etwas Olivenöl unterrühren. Mit Oliven und Haselnüssen garnieren.)

Tomaten mit Reis

150 g Risotto-Reis,
4 große Fleischtomaten,
3 Eßl. Olivenöl, Salz, Pfeffer,
Petersilie, Basilikum, 15 g Kapern,
2 Sardellenfilets,
4 Eßlöffel Parmesan-Reibekäse.

Reis 10 Minuten vorkochen, abtropfen lassen. Deckel von Tomaten abschneiden. Inneres entfernen und durchs Sieb streichen, mit 2 Eßlöffel Öl unter den Reis mischen und würzen.

Kräuter, Kapern und Sardellen hacken, mit Käse unter den Reis ziehen. Herzhaft abschmecken.

Tomaten würzen, füllen und auf ein geöltes Blech stellen. Deckel daraufsetzen. Knapp 30 Minuten im Ofen backen (200° C). Beim Garen evtl. eine Tasse Wasser aufs Blech gießen, damit die Tomaten nicht austrocknen.

Aufrechte Artischocken

12 kleine Artischocken,
Zitronenwasser

Füllung:
100 g luftgetrockneter Schweinebauch,
1 Knoblauchzehe, Petersilie,
2 Salbeiblätter, Salz, Pfeffer,
5 Eßl. Olivenöl, 1/2 l Rotwein.

Dunkle Außenblätter der Artischocken abzupfen, oberes Drittel abschneiden. Inneren Teil herausschaben. Stiele flach abschneiden. Artischocken in Zitronenwasser legen.
Fleisch fein hacken. Knoblauch dazupressen. Gehackte Kräuter untermischen. Masse gut verkneten und kräftig würzen.
Gemüse abtrocknen, Masse einfüllen und nebeneinander in eine flache feuerfeste Form setzen. Öl und Wein zugießen. 20 Minuten zugedeckt garen.

Weißbrotspieße auf römische Art

Als kleine Mahlzeit:
½ Stangenweißbrot (125 g),
150 g Mozzarella, Petersilie,
2 Sardellenfilets, 30 g Butter,
Salz, Pfeffer.

Brot fingerdick schneiden. Je drei Scheiben auf einen Holzgrillspieß stecken. Mittelscheibe jeweils mit 1 Scheibe Mozzarella belegen.
Spieße im vorgeheizten Ofen etwa 5 Minuten backen, bis Käse zerlaufen ist, die Brotscheiben knusprig sind.
Inzwischen Petersilie hacken, Sardellenfilets zu Mus verarbeiten. Butter-Sardellenmus erhitzen, gut verrühren. – Die Scheiben mit Sardellenbutter beträufeln, mit Grün bestreuen. Restlichen Käse mit Salz und Pfeffer würzen. Die Spieße warm mit etwas Sardellenbutter reichen.

KAMPANIEN

(*Campania*) – Region, die Fernweh weckt, gehören zu ihr doch u. a. der Golf von Neapel mit der Metropole Neapel, die sorrentinische Halbinsel, die amalfitanische Küste und die Inseln Capri und Ischia. Über 5 ½ Millionen temperamentvolle Italiener bevölkern fünf Provinzen auf 13 600 Quadratkilometern. Die Region ist eines der dichtestbesiedelten Gebiete.
Kampanien hat die fruchtbarste Erde Italiens: Vulkanboden, von der Sonne gewärmt und von zahlreichen Flüssen bewässert, bringt unvorstellbaren Reichtum an Gemüse, Obst und Getreide hervor. Schon im Altertum trug die Landschaft den namen »Campania felix«. Der Region liebstes Kind ist die Tomate. Als Geburtsort von Pizza und Spaghetti mit Tomatensauce gilt Neapel.

Tomaten mit Mozzarella und Basilikum: Caprese

650 g Tomaten,
200 g Mozzarella,
3 Eßl. Olivenöl,
1 ½ Eßl. Balsamessig,
Salz, grober schwarzer Pfeffer,
2 Bund Basilikum.

Die schönste aller italienischen Vorspeisen, von den Hirten der Insel Capri kreiert: die Caprese! – Tomaten und Käse in Scheiben schneiden. Im Wechsel anrichten. Öl-Essig-Gemisch darübergießen, dann salzen und pfeffern. Zuletzt mit grob zerpflücktem Basilikum garnieren.

(Dieses italienische Nationalgericht ist auf dem Foto Seite 2 zu sehen.)

Küchentip: Tomaten häuten

An der Fruchtspitze die Haut über Kreuz einritzen. Jetzt die Tomate kurz in kochendes Wasser legen. Mit der Schaumkelle herausheben und sofort in eiskaltes Wasser tauchen. Anschließend ganz einfach das Tomatenfleisch aus der Schale gleiten lassen. Dann Stielansatz herauslösen.

Gefüllte Pizza

1,75 kg Poularde,
Salz, Pfeffer,
1/8 l trockener Weißwein,
500 g Mehl, 20 g Hefe,
Zucker, 1/2 l Öl,
1 kg Tomaten,
150 g Zwiebeln,
3 Knoblauchzehen,
400 g Auberginen,
Thymian, Rosmarin, Oregano,
300 g Thunfisch (Dose),
Kapern,
100 g schwarze Oliven.

Poularde vierteln, würzen. In Eigenfett anbraten, mit Wein ablöschen. 45 Minuten schmoren. – Teig aus Mehl, Hefe, Zucker und Öl gehen lassen. Tomaten häuten, entkernt würfeln. Zwiebelwürfel und gepreßten Knoblauch in etwas Bratfond glasig dünsten. Tomaten zugeben, einkochen lassen. Auberginenscheiben blanchieren, in Öl braten. Kräuter hacken.

Fleisch würfeln. Mit Fisch zur Tomatensauce geben. Kapern, Oliven und Kräuter zusetzen. Würzen. – Teig so in eine Form geben, daß er 10 cm über den Rand hängt. Füllen. Mit Bratfond beträufeln. Teig überklappen, mit Öl bestreichen. Mit Auberginen- und Tomatenscheiben belegen, mit Öl beträufeln. Bei Mittelhitze reichlich 30 Minuten backen.

Spaghetti auf Matrosenart

650 g feste Tomaten,
2 Knoblauchzehen,
20 schwarze Oliven,
Kapern,
Petersilie, Olivenöl,
Salz, Pfeffer,
400 g Spaghetti (Hartweizen).

Gebrühte Tomaten und Knoblauch pellen, grob hacken. Oliven halbieren, entsteinen, Kapern abtropfen lassen. Petersilie grob hacken.
Tomaten in 3 Eßlöffel heißem Öl bei Mittelhitze dünsten. Oliven und Kapern zugeben. Weitere 10 Minuten dünsten. Vorsichtig würzen.
Inzwischen Spaghetti in Salzwasser mit Zusatz von 1 Eßlöffel Öl bißfest kochen, abtropfen lassen. Mit entsprechender Sauce mischen. Mit Petersilie garnieren. Dazu bunten Salat, Weißbrot, Käse und Melonen reichen.

Minestra mit Artischocken

1 kg frische Erbsenschoten,
200 g zarte Artischocken,
1 Eßl. Zitronensaft,
1 Knoblauchzehe,
2 Eßl. Olivenöl,
gehackte Petersilie,
1 $^{1}/_{2}$ l Brühe, Salz,
100 g Parmesan-Reibekäse.

Erbsen auspulen. Die geputzten zarten Teile der Artischocken in reichlich Wasser mit Zitronensaft legen (werden sonst braun). Pürierte Knoblauchzehe in Öl goldbraun anbraten, anschließend herausfischen. Abgetropfte Artischocken kurz in Knoblauchöl andünsten. Erbsen und eine Hälfte der Petersilie zugeben. Brühe zugießen. Minestra bei wenig Hitze zugedeckt rund 20 Minuten köcheln lassen. Salzen und restliche Petersilie zugeben. Mit Parmesankäse und geröstetem Brot servieren.

Geräucherte Putenbrust mit Mozzarella

400 g geräucherte Putenbrust,
400 g Tomaten,
300 g Mozzarella,
Petersilie,
Salz, Pfeffer,
Parmesan-Reibekäse,
40 g Butter.

Putenfleisch in dünne, Tomaten und Mozzarella in normale Scheiben schneiden, Petersilie hacken.
Eine feuerfeste Form fetten und Fleischscheiben hineinschichten. Darüber dachziegelartig Tomaten und Käsescheiben abwechselnd anrichten. Würzen. Parmesan und Petersilie darauf streuen. Butterflöckchen verteilen. Das Gericht im vorgeheizten Backofen bei Mittelhitze etwa 20 Minuten garen.
Ungeräucherte Putenbrust sanft goldbraun braten, bevor sie in Scheiben aufgeschnitten wird.

Auberginen mit Käse überbacken

Reichlich $^1/_8$ l Sonnenblumenöl,
Salz,
800 g Auberginen,
2 Eier,
300 g Mozzarella,
Basilikum,
100 g Parmesan-Reibekäse.

Diese napolitanische Spezialität gibt es in zahlreichen Varianten.
Eine feuerfeste Form mit Öl ausstreichen. Mit vorab gesalzenen und in Öl goldgelb gebratenen Auberginenscheiben auslegen. Mit Ei- und Mozzarellascheiben belegen, mit Basilikum und Käse bestreuen. Löffelweise mit Tomatensauce (eingedicktes Gemisch aus 800 g zerdrückten Tomaten, 1 gehackten Zwiebel, $^1/_8$ l Öl, Pfeffer, Salz, Zucker, Lorbeer) begießen. Lagenweise wiederholen. Obenauf Sauce und Parmesan! 40 Minuten auf der Mittelschiene backen.

Tomatentorte

Teig:
je 100 g Weizen- und Roggenmehl,
1 Eigelb, Eiswasser, Salz, 150 g Butter.
Belag:
1 kg kleine feste Tomaten,
Salz, Pfeffer, Zwiebel, 2 Scheiben Toastbrot,
250 g Hackfleischgemisch, 1 Ei,
Paprika (edelsüß), 50 g Käse,
Semmelbrösel, 30 g Reis,
Schnittlauch, Basilikum, Öl.

Teigzutaten rasch zusammenhacken, durchkneten, in Folie 30 Minuten kalt stellen. – Tomaten häuten, halbieren, entkernen, innen würzen. – Gekneteten Teig halbieren. Ausrollen, Form damit auslegen. Zweite Hälfte rollen und 6 cm hoch an den Formrand drücken. Boden mehrfach mit Gabel einstechen. 10 Minuten bei 200° C vorbacken. Abkühlen lassen. – Zwiebel fein würfeln. Toast ohne Rinde in Wasser einweichen. Ausdrücken. Mit Fleisch, Zwiebel und Ei zu Teig vermischen. U. a. mit Paprika würzen. Käse würfeln. Tomaten mit Käse-Würfeln und Hackfleisch füllen. – Für Guß je 1/8 l Milch und Schlagsahne und 4 Eier verquirlen. Mit Salz, Pfeffer und Paprika würzen. Schnittlauchröllchen und Basilikumblätter in die Eiermilch geben. – Semmelbrösel und Reis auf den Teigboden streuen. Schnittlauch und Basilikum daraufgeben. Tomaten mit offener Seite nach unten aufsetzen, mit Eiermilch begießen. Torte bei 200° C 40 Minuten backen, bis die Eiermilch stockt, mit Öl bepinseln.

APULIEN

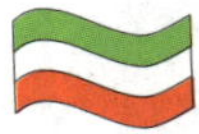

(*Puglia*) – Seeurlaubsparadies – von der Adria bis zum Golf von Tarent, vom »Sporn« des italienischen Stiefels bis um seinen »Absatz«, die Salentinische Halbinsel, reichend. Apulien mit etwa vier Millionen Einwohnern ist annähernd 20 000 Quadratkilometer groß. Hauptstadt ist Bari. Es wurde erst im 19. Jahrhundert Teil des geeinten Italiens. Bis dato war es im Besitz zahlloser Fremdherrscher.

Apulien ist trotz karstiger Bergregionen reines Landwirtschaftsgebiet (Weizen, Tabak, Gemüse, Wein, Oliven u. a.). An der Küste – hauptsächlich um Bari – wird Fischfang betrieben. Im Landesinnern gibt es riesige Schafherden und viel Wild.

Die apulische Küche bevorzugt Brot, Gemüse-, Fisch-, Hammelfleisch- und Wildgerichte. Süße Speisen sind byzantinisches Erbe.

Tomaten-Champignons mit Basilikum

500 g feste Tomaten,
4 Knoblauchzehen, 1/8 l Öl,
500 g große Champignons,
Petersilie, Basilikum,
Kapern,
Salz, schwarzer Pfeffer,
Olivenöl,
Zitronensaft, 1 Zitrone.

Scheiben von gehäuteten Tomaten und gepelltem Knoblauch in Öl braten und auf Küchenkrepp legen. Champignonscheiben portionsweise im Knoblauchöl braten – pro Seite zwei bis drei Minuten –, auf Küchenkrepp abtropfen lassen. Kräuter fein hacken.

Pilze und Tomaten auf einem Teller anrichten. Mit Knoblauch, Kapern (1 Eßlöffel) und Kräutern bestreuen. Würzen. Olivenöl und Zitronensaft darauf träufeln. Mit Zitronenspalten garnieren.

Lammtopf mit Tomaten

1 kg Lammfleisch
(Keule oder Schulter),
Pfeffer,
30 g Butterschmalz,
1 Knoblauchzehe,
Salz, Lorbeer,
Rosmarin, Thymian,
½ l Rotwein,
500 g grüner Paprika,
375 g Zwiebeln,
200 g Tomaten.

Fleischwürfel pfeffern. In erhitztem Schmalz kräftig anbraten. Knoblauch pellen, auf Salz zerdrücken, mit Gewürzen ans Fleisch geben. Rotwein angießen. Fleisch zugedeckt bei Mittelhitze 30 Minuten schmoren. Paprikawürfel und geschälte Zwiebel in Ringen dazugeben. 30 Minuten weiterschmoren. Inzwischen die Tomaten häuten und zuletzt 10 Minuten mitschmoren lassen. Abschmecken. – Lammtopf mit Reis, Polenta oder frischem Landbrot, Oliven und frischem Salat reichen.

Schwarzer Hase

1,75 kg Hasenfleisch,
küchenfertig, und Innereien,
200 g Zwiebeln,
2 getrocknete Chilischoten,
1 Eßl. Rosmarinnadeln,
schwarze Pfefferkörner,
Lorbeerblätter,
¼ l Rotwein, ⅛ l Rotweinessig,
100 g Schweineschmalz, Salz,
50 g Speck, durchwachsen,
5 Eßl. Olivenöl,
50 Pinienkerne,
2 Knoblauchzehen,
1 Orange, unbehandelt,
50 g Sultaninen,
30 g Bitterschokolade,
20 g Butter, Pfeffer.

Das süßsaure Gericht ist überliefert von den Sarazenen, die Apulien lange besetzt hielten. Früher würzte man die Speise mit Honig, heute mit Schokolade.
In acht Teile zerlegten Hasen waschen, trockentupfen. Innereien kühl stellen. Geschälte Zwiebeln in Scheiben schneiden, Chilis zerdrücken. Zusammen mit Gewürzen aufs Fleisch (in einer Schüssel) streuen. Mit Wein und Essig begießen. Kühlgestellt über Nacht in Marinade lassen.
Schmalz stark erhitzen. Fleisch darin anbraten, salzen, Marinade zugeben.

Hasen bei 225° C rund 50 Minuten schmoren. In einer Pfanne gewürfelten Speck und Pinienkerne in erhitztem Öl bräunen. Gepellten Knoblauch dazupressen. Geriebene Orangenschale, -saft und Sultaninen zugeben. Mit geraspelter Schokolade kurz durchkochen. Fleisch aufgedeckt noch zehn Minuten garen. Dann mit wenig Zwiebel und Lorbeerblättern anrichten, zudecken, warmstellen. Schmorfond in die Schokoladensauce passieren. Durchkochen, Sauce teils übers Fleisch gießen, teils getrennt reichen. Nun Leber und Nieren kurz in Butter braten, würzen. Mit dem Fleisch servieren.

(Dieses Gericht ist auf dem Foto des Bucheinbandes zu sehen).

Omelett mit Muscheln

200 g Muschelfleisch (aus der Dose),
1 Bund Petersilie,
6 Eier,
Salz, Pfeffer,
4 Eßl. Olivenöl.

Muschelfleisch zum Abtropfen in ein Sieb schütten (Darm vorher entfernen). Eier mit Gewürzen und feingehackter Petersilie verquirlen. Muscheln unterrühren. Nacheinander daraus in wenig Öl vier Omeletts in einer großen Pfanne backen. Einmal wenden. Sofort heiß mit frischem Brot und kühlem Landwein servieren.

Omelett-Variationen

... mit Artischocken

(... con carciofi)

Sehr zarte Artischockenscheiben mit Knoblauch in Öl braten. Mit Salz und Pfeffer verquirlte Eier zugeben, von beiden Seiten braten.

... mit Blumenkohl

(... con cavolfiore)

Viel frisch geriebenen Frischkäse in die gewürzte Eimasse rühren, über gedünstete Blumenkohlröschen gießen und in Öl braten.

Apulische Teigtäschchen

Füllung:
200 g Zwiebeln, 2 Eßl. Olivenöl,
2 Tomaten, 30 g Sardellenfilets, Salz,
Pfeffer,
Teig:
1 Packung gefrosteter Hefeteig,
1 Ei, getrennt, 2 Eßl. Milch.

Für die Füllung Zwiebelwürfel in Öl anbraten. Gehäutete Tomaten würfeln, zu Zwiebeln geben. Sardellenhack zufügen. Dünsten, dann würzen. – Aufgetauten Hefeteig auf bemehlter Arbeitsfläche dünn ausrollen. 6 x 8 cm große Rechtecke schneiden. Auf je 1 Hälfte Füllung geben. Mit Eiweiß bepinselte Teigränder über der Füllung zuklappen. Ränder fest zusammendrücken (mit einer Gabel). Teigtaschen auf ein gefettetes Backblech setzen. Mit Eigelb-Milch-Gemisch bestreichen. Bei Mittelhitze ca. 20 Minuten backen. Warm servieren.

Biskuitcreme Zuppa inglese

1 Biskuitboden,
10 Eßl. Rum,
1 Vanilleschote,
1/2 l Milch,
3 Eigelb,
80 g Zucker,
1 Päckchen Vanillezucker,
50 g Mehl,
50 g kandierte Früchte,
2 Eiweiß,
90 g Zucker.

Biskuitstreifen mit Rum tränken. Mark der Vanilleschote mit Milch aufkochen. Erkalten lassen. – Ei, Zucker und Vanillezucker verquirlen. Mehl und Milch langsam daruntergeben. Masse zum Kochen bringen. Topf in Eiswasser stellen. Creme weiterschlagen, bis sie kalt ist. Abwechselnd Biskuit, Vanillecreme und kandierte Früchte in eine Schüssel geben. Diese kopfüber in eine feuerfeste Form stürzen. Obenauf dick Baisermasse (geschlagenes Eiweiß und Zucker) streichen – evtl. mit der Spritztülle verzieren.
15 Minuten bei 200° C überbacken.

SIZILIEN

(*Sicilia*) – autonome Region mit Hauptstadt Palermo. Über 5 Millionen Menschen leben vor allem in den fruchtbaren Küstenniederungen.
Die Insel Sizilien – größte im Mittelmeer – ist ein Naturwunder. Sonne, Vulkane, Steine und Meer formten, Einwanderer und Eroberer aus aller Herren Länder prägten sie – und die Bevölkerung.
Wer im sonnendurchfluteten Sizilien unbeschwerte Menschen erwartet, irrt sich. Griechische, arabische, normannische, deutsche, spanische Herrscher, die die Insel regierten, bevor sie Teil des geeinten Italiens wurde, machten die Bewohner verschlossen. Auch die sizilianische Küche ist von Fremdeinflüssen geprägt. Reis, auch Zitrusfrüchte, brachten die Araber ins Land.
Neben Pasta, Fisch, Fleisch gibt es reichlich Gemüse, Obst und Süßes – und Eis in allen Variationen.

Sizilianische Reisklöße

250 g Reis,
2 Eier, 40 g Butter,
4 Eßl. Parmesan-Reibekäse,
1 Zwiebel,
100 g Rinderhack,
100 g gefrostete Erbsen,
300 g Fleischtomaten,
Salz, Pfeffer,
100 g Semmelmehl,
Öl zum Ausbacken.

Gekochten Reis 5 Minuten nachquellen und abtropfen lassen.
Eier, 20 g Butter und Parmesan sofort unterziehen. Zwei Stunden in den Kühlschrank stellen. – Für die Füllung Zwiebel würfeln, in Restbutter glasig dünsten. Fleisch und Erbsen dazugeben. Grob geriebene Tomaten (ohne Haut) in die Pfanne geben. Würzen, 5 Minuten köcheln lassen. Danach aufgedeckt dicklich einkochen lassen. Kräftig nachwürzen. Acht Reisbälle formen. Etwas Füllung hineingeben. Verschließen, Klöße nachformen, in Semmelmehl wälzen. In heißem Öl 8 Minuten schwimmend ausbacken.
Abgetropft als Hauptmahlzeit mit Salat heiß servieren. Kleiner geformt sind die Klöße ein appetitliches Zwischendurch.

Feiner Gemüsesalat

2 kleine feste Kopfsalate,
3 Stangen Staudensellerie,
1 Fenchelknolle,
2 Fleischtomaten (500 g),
1 Dose Thunfisch (naturell, 200 g),
100 g grüne Oliven,
2 Sardellenfilets,
6 harte Eier,
Essig, Salz, Pfeffer,
6 Eßl. Olivenöl.

Salatköpfe achteln, abtropfen lassen. Sellerie und Fenchel in Scheiben schneiden. Tomaten zerstückeln. Salatzutaten auf Portionstellern verteilen.
Thunfisch abtropfen lassen, grob zerteilen. Oliven entsteinen, feinhacken. Sardellen zerdrücken, Eier vierteln. Zutaten auf Tellern verteilen. Den Salat mit Essig-Salz-Pfeffer-Öl-Gemisch begießen.
Mit Brot und Selters gelten Salate zunehmend als Hauptmahlzeit, schon aus Schlankheitsgründen!

Warmer Gemüsesalat mit Auberginen

200 cl Olivenöl,
500 g Staudensellerie,
250 g rote Zwiebeln,
750 g Auberginen,
50 cl Rotweinessig, 50 g Zucker,
1 Eßl. Kapern,
3 Sardellenfilets, Salz, Pfeffer,
1 Dose Tomaten (425 g),
6 große grüne Oliven, Basilikum,
30 g Pinienkerne.

In etwas Öl Selleriestücke und Zwiebelspalten 15 Minuten garen. Herausnehmen. Geschälte Auberginenwürfel in Restöl goldbraun braten. Gemüse zugeben. Mit Essig, Zucker, gehackten Kapern, zerdrückten Sardellen verrühren, würzen. Abgetropfte Tomaten und Oliven zugeben.
Gemüse zugedeckt 15 Minuten leicht garen. Dann aufgedeckt noch einkochen lassen. Wenig umrühren! Mit Basilikum und Pinienkernen garnieren.

Sizilianische Cassata

Teig:
6 Eier, 180 g Puderzucker, 1 Vanillezucker, 100 g Weizenmehl, 75 g Speisestärke, Backpapier.
Füllung:
200 g kandierte Mischfrüchte, 75 g bittere Schokolade, 500 g Frischkäse oder Quark, 180 g Zucker, 1 Vanillezucker, 6 cl Maraschinolikör oder Rum.
Nach Belieben 1 Päckchen Schokoladenglasur oder 300 g Sahne, kandierte Früchte, Mandeln, Schokostreusel.

Den Boden einer Springform mit Backpapier auslegen. Backofen auf 180° C vorheizen. – Eier trennen. Eigelb mit Zucker und Vanille schaumig rühren. Steif geschlagenes Eiweiß unterheben. Mehl und Speisestärke über Eimasse sieben, unterziehen. Teig in die Form füllen, glattstreichen. Im Backofen ca. 35 Minten backen. Stäbchenprobe machen! Den Biskuit etwa 6 Stunden auskühlen lassen. – Kandierte Früchte und Schokolade klein würfeln. Frischkäse oder Quark mit Zucker, Vanille und 4 cl Likör zu glatter Creme verrühren. Früchte und Schokoladenwürfel unterheben.
Den Biskuit längs in 1 cm breite Streifen schneiden. In eine Kastenform Streifen und Creme schichtweise einfüllen, mit dem letzten Biskuitstreifen abdecken. – Restlichen Likör darüber träufeln. Zugedeckt 4-5 Stunden kühlen. Dann stürzen. – Nach gutdünken mit Schokoladenglasur oder Schlagsahne überziehen. Mit kandierten Früchten, geschälten Mandeln und Schokostreuseln garnieren.

Orangen-Zitronen-Salat

4 Orangen, 4 Zitronen,
1/2 Kopfsalat, 1/2 Friseesalat,
2 Eßl. milder Essig (Weißweinessig),
Salz, Pfeffer,
5 Eßl. Olivenöl, Basilikum.

Früchte schälen, weiße Innenhäute entfernen. Orangen und Zitronen filieren, dabei den Saft auffangen. Salate putzen, waschen, trockentupfen, auf Portionstellern in mundgerechte Stücke gezupft anrichten. Obstscheiben darauf garnieren. Saft mit Essig, Gewürzen, Olivenöl verrühren, über den angerichteten Salat gießen. Mit Basilikum garniert reichen.

(Basilikum ist des Italieners liebstes Würzkraut. Es wird nur grob gezupft, nie gekocht und immer erst zuletzt unter die Speise gemischt.)

Rezeptverzeichnis